낯선 기호들

박명자 시집
낯선 기호들

저　자 | 박명자
발행자 | 오혜정
펴낸곳 | 글나무
서울시 중구 수표로 45, 비즈센터 905호
전　화 | 02)2272-6006
등　록 | 1988년 9월 9일(제301-1988-095)

2014년 5월 23일 초판 인쇄 · 발행

ISBN 978-89-91356-69-6 03810

값 9,000원

* 이 책은 강원도, 강원문화재단 후원으로 발간되었습니다.

이 도서의 국립중앙도서관 출판시도서목록(CIP)은 서지정보유통지원시스템 홈페이지(http://seoji.nl.go.kr)와 국가자료공동목록시스템(http://www.nl.go.kr/kolisnet)에서 이용하실 수 있습니다. (CIP제어번호 : CIP2014014338)

낯선 기호들

박명자 시집

| 서문

기호의 즐거움

—박명자시인의 13번째 시집 『낯선 기호들』 발간을 축하하며

정 영 자

(문학평론가. 여성문학 계간지 『여기』 발행인)

새로운 삶은 밀려오고 세월은 풋풋한 추억을 가지고 낙엽처럼 쌓여간다. 그리고 시공간의 시인들은 마른 잎으로 찬란한 태양을 받아들인다.

햇볕에 말리면 역사가 되고 달빛에 말리면 신화가 되는 시대도 아니다. 끊임없이 변화를 시도하는 강원도 물빛, 산빛 속에 박명자 시인은 지금 이 곳의 새로움을 물 흐르듯 받아 들이고 있다.

창작의 장대한 성과인 열세번째 시집 『낯선 기호들』에서 보여주는 새로움은 화석같은 나무의 결을 보여주고 있다.

"낯선 기호들과 가슴 포개이고/ 하나가 되었다"는 기호에의 서사는 풀밭의 풋풋한 서정을 바탕으로 기호놀이의 즐거움을 수용한다.

관념의 해체를 넘는 언어의 퍼포먼스는 앞으로도 지속되리라 믿으며 좋은 열매 거두시기를 기원합니다.

2014. 4.

나의 시와 키워드

내가 요즘 시에서 추구하는 시적 테크닉은 기존 관념의 해체이다

한국시 100년을 꾸준히 지배해온 단선구조의 틀을 선뜻 깨뜨리고 다선구조의 모양새로 디자인하고자 땀 흘리는 작업에 온통 시선이 꽂혀있다

과거 시인들의 독백적 서술을 객관적 이미지로 전환시키고 정적 이미지를 동적 영상 쪽으로 가지를 뻗게 하고 있다

또한 시의 주체에서 이미지 편집으로 상상의 폭을 확산시키면서 끓어 넘치는 감성의 대양을 혼자 헤엄치기도 한다

그리하여 나는 시 앞에서 깊이 고뇌하며 땀 흘리지 않는다

잘 구워진 항아리처럼 각고의 결실로 발효되어 솟구치는 시가 아니라 순간순간 변하는 질료의 우연성에 의하여

표출되는 퍼포먼스 같은 것이라고 할까…

나의 시는 다 자란 애벌레가 한잠 자고 나서 껍질을 벗듯이 낡은 허물을 벗어던지고 새로운 날개옷으로 갈아입는다

그러나 나는 시 작업에서 늘 자유롭고 신나는 게임을 즐기듯 혹은 굿판의 무당처럼 의식의 세계와 무의식의 세계를 종횡 넘나들면서 상상의 폭을 이중구조로 실타래처럼 엉키게 한다

나의 시는 일종의 신들린 나비의 유희라고 생각하면서 독자 앞에 얼굴 붉힌다

朴明子

| 차례

제1부 넝쿨장미 울타리

제2부 신라 남자

제3부 철새 포럼

제4부 내리는 눈의 리듬

1부

넝쿨장미 울타리

고흐의 해바라기를 읽는 법

8월의 정오
태양의 파편들이 직각으로 떨어져 내리더니
고흐의 한쪽 귀를 선듯 베어 달아났다

천지는 지금 태양의 혈흔으로
지글 보글 끓고 있지만
세상은 지금 울퉁불퉁 찜통 속이라지만

고흐의 해바라기들은 우우우우 행렬을 지어
지구 저편으로부터 대양을 건너오고 있다

원색의 노랑 물감통 하나와
빗자루만한 그림 붓 하나가
금방 없어졌다

꺼벙한 전광판 위로 낯선 커서들이
반짝 반짝 뒤집히며 춤을 춘다
42. 19. 94. 99. 107…

드디어 시간의 장막이 내려지고
해바라기들은 우우우우 고흐의 주변을 둘러싸듯
모여들어 귀없이 텅 빈 그림
〈노랑과 파랑의 심퍼니〉를 펴보며 고개를 끄덕이더라

넝쿨장미 울타리

넝쿨장미 울타리 그 집 앞을 지나올 때
나는 두 눈을 꼭 감는다

층층이 하늘 계단을 오르는
꼿꼿한 관능의 그녀들 손톱과
유리가루처럼 흩어지는 웃음 소리…

한순간 아찔해 버린다

송이송이 말문을 열어 폭죽처럼
솟구치는 교성이 겁난다

그녀들 꽃뱀의 혀 같은 덩굴손이
나란히 다가 올 때 나는 몸을 조그맣게 움츠린다

가시덩굴 사이사이로 막 도망쳐 나올 때
가슴이 콩 콩 콩 뛰었다

슟 스며라 배암

슟 스며라. 배암
한 방울 따슨 피도 눈물도 없는 너
칼금처럼 찢어진 눈으로 여직 날 쏘아 보니 ?

너 꽃다님 보다 찬란한 액션
간교한 혓바닥
그러나 달빛에 걸려 한번 넘어진 적 있었지 ?

네가 한송이 꽃으로 피어 웃기엔
아직 이르다는 것 알아다오

치명적 푸른 독 어금니에 깨물고
온 몸 둥글게 말아 다발을 틀고
하염없이 묘안 굴리는 너 눈초리…

슟 스며라 배암 !
한번은 낮게 두 번은 높게
디딤돌 반짝 딛고 고샛길로 스며다오

잡풀 무성한 논두렁 속으로
너 살냄새 스며버린 대지에는
철마다 꽃봉오리 저절로 터질것이며
태양 아래 나무들 두 손 들어 빛을 찬양할지니

숏 꺼져라. 배암 !

화엄의 꽃, 오늘 벙그시네

화창한 4월의 끝
아름다운 서운함 양산 통도사
화엄의 꽃 한송이 크게 벙그시며
"어화 두둥실" 춤추며 오늘 오시네

진리의 바탕 무한대로 크나니 진리는 질서정연한 궤도와 체계가 있나니라

가슴속 허접쓰레기 툭툭 털어버리고
온 몸 낮추어 남해를 다시 보면

보살의 엄청난 수행으로서
티끌세상을 온통 **화엄의 꽃**으로 채우시리니

화엄의 꽃
오늘 더 크게 벙그시네

황금알 낳는 남자

나의 계절 백미러에
반쯤 익은 풍경 한 컷 휘적거리며 지나갔다

노오랗게 색이 변한 시간의 상처
4등분 되어 그의 옥탑방 앞에 쓰러져 있다

입이 비뚤어진 나뭇잎 한 장
그 남자 펑퍼짐한 추리닝 위로
천천히 선회하며 내려온다

보송하게 마른 전화벨이
약간 굽은 그의 어깻죽지에
푸른 전원을 연결하려고 애쓰다가
문득 나를 돌아보았다

억새밭 건너온 목마른 바람
하산길이다

엉거주춤한 체위로

황금알 하나 낳고 있는 그 남자

가랑이 사이로

두어 점 ★★ 커서가 반짝 반짝 지나가고 있다

캡슐 속에 웃는 여자

—선저우 10호 우주 비행사

중국 유인 우주선 선저우 10호를 애마처럼 이끌고
우주를 훌쩍 다녀온 왕야핑 우주비행사

그녀 15일간 하늘 골목에서 반짝이는
초록별 몇 개쯤 주머니에 담아왔을까

선저우 비행사 그녀 우주 정거장에서
손거울 꺼내어 화장을 고쳤을까

비행하는 하늘 독수리와 눈 맞추고
휘파람도 몇 번쯤 날리었을까

우주의 구석구석 후미진 고샅길
애마 선저우 10호를 이끌고
생채기 하나 없이 고스란히 웃으며
지구별로 돌아온
우주비행사 왕야핑 !

철새들의 방언

소련 블라디보스톡 해안에서 날아온
겨울 철새들
우리 해안에 볼록한 방언을 떨구기도 하였다

TTT SSS 그들 노릿내 나는 속삭임 뒤편에는
둥글고 화려한 마스게임이 열려 장관이다

바람난 철새들의 춤사위는
달을 열고 불쑥 나갔다가
별들의 샛길을 따라 오곤 하였다

훈춘 백두산 눈발 사이를 헤집고 갈 때
싸그락 싸그락 자기네끼리의
애정표현도 교환하겠지

으슥한 우주의 협곡을 열고
외딴 외연의 하늘을 꾸미는 철새들의 테크닉

화려한 군무나 멋진 마스게임도
핼쑥한 세모꼴을 만들어 보여주기도 한다

나무 한 그루 컹컹 짖으며 뒤따라 온다

시름의 꼭대기에 선뜻 올라
새알 감자알처럼 울퉁불퉁한
나의 길
더듬어 돌아본다

쇠똥에 미끄러지며
청무우 밭에 코 박았던 나의 유년

애호박 줄기줄기 주렁주렁 매달리던
가난의 잎사귀 사이사이
벌거숭이 나무 그루터기 하나
컹컹컹 짖으며 치마꼬리 따라 오더라

평생 검은새 꽁지 하나 보듬지 못한
허름한 숲처럼
더벅머리 홍건히 흔들며
휘청거리던 나의 나무 뒤통수

주머니 가득 빵빵하게 쳐담은

수상한 말들에게 스스로 찔리우듯
컹컹컹 짖으며 이내 따라오던

나의 나무 짱구머리
이 웬수야!

8월의 e-book

8월의 정오 불볕 아래 홀로 서 보면
어쩐지 가슴이 콩 콩 뛰며 겁부터 난다

오 두렵고 무서운 하늘의 형벌
드디어 이 대지에 심판의 마지막 날이 왔나봐

시시비비를 명확히 가리고
죄진 만큼 벌을 가하려는 하늘의 낌새

천지가 온통 찜통 같고
불세례는 연일 팍 팍 내려 꽂힌다

어디서 불방망이가 쓱 나타나서 〈자백하라 !〉
눈을 부릅 뜰것 같아…

리모컨으로 불세례를 조정 하는
신의 손길이 보일 듯한 8월의 정오

두 손으로 부끄러움 가리우고 종종 걸음으로

태양을 피하려고 오래된 웅덩이 앞에 다가 서 보면

내 스무살 적 미루나무 한 그루가 먼저 와서
물속에 나대신 거꾸로 벌 받고 서 있더라

잎새 하나에 대한 생각

8월의 정오
불화살 팍 팍 내리꽂히는 정오
땡감나무 그림자 아래 홀로 서서
잎새들 사이사이 빗금으로 내려딛는
자잘한 금싸라기들을 헤아려보면 재미있다

잎새 하나의 엽맥을 가로지르는
강같은 생각들을 주워 담다보면
바구니가 그득해진다

오늘 아침 새로 돋은 잎새는 또
어제 돋은 잎새의 손을 잡고

생의 울퉁불퉁한 가운데 길로
헐떡이며 헐떡이며
맨발로 흘러가고 있더라

3월에 내리는 눈

민들레 홀씨 같은 톱니바퀴를
살랑 살랑 흔들면서
가늘게 표백된 발목을 내 뜨락에
살며시 들이미는 3월의 눈발

어쩐지 낯선 이웃 같아…
〈무슨 색깔 풍선을 선택 할거나…〉

말랑한 동그라미 하나
손가락으로 만들며
내 눈치를 살피다가 돌아서는
눈. 눈. 눈

온 몸에 수박씨앗 같은 말들이
촘촘 박혀있는
3월의 표지를 열어 보다가

나 이제 낯빛 창백한 3월의 눈발들
결코 따라 잡지 않을테야

싸락 싸락 눈발 틈새기로
막 도망쳐서
지구 밖으로 나는 금방 나와 버렸다

천리향 그대여

b교수님 수필집 9쪽에서
〈천리향〉 한 촉 성큼 가려내어
내 풍경 으슥한 골에 분양해 두었다

두해 전부터
내 생애 최고의 정수리에 CO_2 한 컵
아침마다 챙기면서

「요즘 집필에 분주 하시나요?」
시공을 훌쩍 건너 서향 그늘에
빗겨 서서 다시 보면
나날이 현혹되는 설레임이여 !

꽃망울 조심조심 모시려는 발그림자
딸랑 딸랑 향기 방울 흔드시며
산천대천 애돌아 꽃샘추위 3월에
맨발로 이렇게 저의 뜰에 드시다니오.

타원형 바소꼴 잎새 끝에

메시지 한건 받아 올리시는
끈끈한 그리움이여

말꼬리 글씨체 삐죽이 열어
잔잔한 눈웃음치며 기어코
말문을 트시렵니까

천리향 그대여 !

누군가 나를 쏘아 보고 있다

기나긴 복도 끝자락에서 어떤 시선이
나를 뚫어지게 쏘아 보고 있다

그의 시선은 칼끝보다 날카롭다
그의 입김은 새벽별 보다 차갑다

한 계절 잠시 머뭇거리던 의문부호들
요즘 더 가까이 더 가까이
코너에 내 발등을 몰아 부치고 있다

「생이 목마르다」고
나는 말한다

지금 난 맨발로 새로운 말에
새하얗게 쫓기운다

드디어 난 마지막 코너에까지
밀리우고 있다

진땀이 무관심의 속살을
몽땅 적시고 있다

또 다른 정보가 내 웃음을 점령하고
꼴깍 가위 눌리게 하려고 가까이 다가오고 있다

나무의 눈꺼풀

4월 아침
리기다소나무 한그루 언덕 위에 벌떡 일어섰다
동그란 그의 눈꺼풀을 열었다

동구 밖에 쳐들어오는 백여 가지 그린 칼라를
팔레트 위에 휘저으며 분류하고 있다

둥근 경포호수 4.3km 둘레는 오늘 따라
아가리를 타원형으로 벌이려고 주춤거리는데

꽃샘추위 속으로 누가 핀셋을 찔러 넣어
큰손 하나를 건져 올린다

활짝 퍼지는 부챗살을 앞세우고
군악대처럼 쳐들어오는 4월 !

지변 뜨락의 논과 밭 묘둥지 시비들은
좌우로 재빠르게 길을 비켜준다
느슨해지는 개줄을 잡아당기듯이

나무의 천리안은 호수 주변의
풍경화 한 장을 반듯하게 다시 정리하는데
물 건너 지변리 마을은 금방 형광등을 켠듯이
화안하게 떠올라 공중으로 솟아오르고 있다

2부

신라 남자

빗겨 나간 그대의 시선

—78차 국제 Pen 행사장에서

Korea Pen의 깃발은 세계 하늘 위에
둥실 둥실 치솟아 춤추고
햇비둘기들은 애드벌룬을 타고 Go Go Go

날아 내리던 지난해 9월 10일 Mon 새벽 7시

Pen 우리 일행은 3.3.5.5 KTX 대합실에
오순도순 모여 앉아
☆팝콘이 팡 터질 때를 기다리고 있을 때

신경주행 열차는 드디어 칙칙한 바퀴를
가로세로 접었다 폈다 삐죽이
긴장의 끈에 입을 맞추던 그 시간

바로 그때 가을 호수처럼 깊은 우수의 눈빛 하나와
스타카토로 나부끼는 런던포그 버버리코트 자락과
얼었다 녹았다 하는 생의 끝자락에서
헐렁해진 바람을 몰고 한쪽 깃털처럼
선듯 솟구치신 그대여

—아무런 싸인을 보낼 시간이 우리에겐 없었고
　시선 서로 빗나갔지만—

H호텔 다이너스 오찬장으로 내려가는 시간까지
하이얀 약솜에 스며버린 에테르처럼
군중 속에 깜빡 해체된 님의 기침소리

신라천년 울퉁불퉁한 머나먼 길
타박타박 걷고 걸어 혼자 내 뜨락에 돌아왔다오.

후미진 언덕 짭조름한 바닷내 스미는
내 무덤으로 돌아와 비로소 안식에 들었다오.

낯선 기호들

낯선 기호들과 가슴 열고
풀밭에서 해종일 놀았다

기호 @　기호 □
기호 F　기호 △

기호들과 놀다가 깜빡 넘어져서
진흙땅을 짚고 바라본 아침 해

오, 이것은 분명 어제본 태양이 아니네!

새 낮빛 새 향기
팽팽하게 긴장된 하늘 한쪽
금박무늬 테두리를 꾸미고
발레리나처럼 위로 솟구치는 그네들 액션

남루한 뜨락을 비추이는 어제의 빛이 아닌
새 아침 하얀 깃털
가벼운 돛대 같은 거…

낯선 기호들과 가슴 포개이고
하나가 되었다

기호! 기호?
기호# 기호=

아침 파도

오늘 아침 동해 파도는
머리끝까지 뿔이 솟았습니다
이마에는 별이 번쩍거립니다

쨍그랑 !
크리스탈 접시를 45도 각도에서
암초에 던지고 저만치 달아났습니다

천개의 스펙트럼이 폭죽처럼 흩어집니다
천갈래 만갈래 흩어지는 빛살 무늬들…

파도의 이랑마다 역류하는 꼬마전구 같은
어패류들이 들숨 날숨 해류를 거슬러
날개를 폈습니다

어젯밤 달에서 막 도착한 그 여자
머리채 긴 그 여자
가슴에서 꺼내든 시뻘건 암덩이는
파도의 눈동자에 곧바로 던져졌습니다

어느 방향에서 유죄 할 것인지
우리는 시시비비를 쑥떡 거리지 말일입니다

샤갈의 그림에서처럼 어둠과 빛이 교감 할제
어느 지점에서 우리는 다시 만날 수 있을까요

저 아침 햇덩이가 그녀 성혈을 몽땅
쓸어버리도록 느긋하게 두고 볼일입니다

벚꽃 잎들은 진눈깨비처럼

벚꽃 잎들이 진눈깨비처럼 지그재그
윤회의 바퀴를 굴리며
경포 호면에 차례로 하강하고 있다

제멋대로 옷깃 날리는 꽃잎들에게
나의 자존은 흔들리며 찢기운다

꽉 다문 나의 일상의 궤도에
가득히 쳐들어오는 낙화

몇 개의 바이러스처럼 꽃잎들은
내 핏줄에 상륙한다

그즈음 나의 삶은 멈칫거리다가
반란의 기를 흔들다가
그들과 몸을 섞는다

히끗히끗 남아 있는 겨울의 흔적들을
뒷발로 지우면서

〈일어나라 ! 몽땅 일어나라 !〉
창백한 그의 의수로
내 옆구리를 쿡 쿡 찌른다

버드나무가 허리를 깊이 구부리고 있을 때
누가 복면을 하고 힐끗 돌아나갔다

섬짓한 공포의 분위기…

나는 꽃잎들 틈새기로
막 도망친다

지팡이 하나로 지구를 밀고 나아가는 사람

지난 3월 꽃샘추위 밑으로 싸락 눈발
담배연기처럼 포올포올 날아 내리던 금학상가에서

지구보다 무거운 이녘의 삶을
지팡이 하나로 밀고 혼자 나아가는 거리의 천사를 보았다

우리사이 한파가 소용돌이 쳐가고
해가 바뀌고 용케도 얼어 죽지 않고
봄동 배추처럼 시퍼렇게 살아 있어 고맙구먼

어둠살이 켜켜이 내리는 남대천 외나무다리
검은 안경 속으로 고스란히 건너갔을까

톱밥난로 곁으로 소매깃 끌고 들어가
국수 한 그릇 대접 못하고 왜 그냥 지팡이를 보냈을까

그의 언 발을 남산밑 움막 속으로 소롯이
들이밀었을까

거리의 천사는 지구보다 무거운 생을
지팡이 하나로 밀고 어둠속으로 사라져 갔다

탈 쓰고 나가는 여자

벽에 슬며시 걸어둔 몇 개의 탈
외출할 때 나는 커다란 탈 하나 쓰지요

인공위성이 지시하는 각도에 맞추어 탈을 쓰면
마음이 아주 편해져요
거리거리 움직이는 윤곽들이 뒷걸음질 치며
손가락질 하지 않도록
천천히 그러나 멈춤 없이 단단한 나의 길을 열어가죠

나의 생 앞에 놓인 울퉁불퉁한 점과
푸른 선들의 집합을 차례로 밟으며
고봉밥을 찾아 걸어 나갈 때
소용돌이치던 이웃여자들의 웃음소리가
까무르륵 사라지죠

눈먼 탈박승처럼 커다란 탈 하나 쓰고
이강산 거리거리 쏘다니다가
어느날 초록별에 이마가 부딪히기도 했죠

내가 사는 일이 가만히 생각해보면
너무 부끄러워 탈 하나 쓰고 외출합니다

벚꽃 파일

싱그러운 4월 하오
더 멘〈the man〉의 사이트에 깊고 푸른 파일 한 아름을
전송하였다.
긴 겨우내 캡슐 속에 잠들었던 벚나무처럼

조용한 떨림을 우주무한공간으로 쏘아 보냈다.
거친 파도에 릴을 던지듯이 온몸의 피톨을 깨워야 한다고

지난 계절 얼음궁전 속에 엎드린 140억 개의 뇌세포가
교감 나누는 추상의 선까지

벚꽃 축배를 함께 들자고…

3.1 만세소리처럼 솟구쳐 오르는 4월 에너지
가로세로 가득히 꼬리 흔들며 다가오는

우리들의 디 데이 〈the day〉

〈벚꽃 파일 한아름 전송했다오〉

누가 내 밥그릇을 밟고 갔을까

누가 내 뒤통수에 감자 한방 먹이고
도둑고양이처럼 살금 꼬리를 감추었을까

누가 내 사유의 가지 끝에
비릿내를 솪아 내다가
층층이 얼어붙은 배추밭을 뒤엎었을까

누가 제 모자를 살랑 벗어
꿈 바깥에 두고 갔을까

누가 겨우내 빙하기에 엎드린
내 밥그릇을 즈려 밟고
좌회전하여 엘리베이터를 타고

지하 9층으로 아득히 내려 갔을까

벚나무들의 빠른 걸음

아침 경포호수 둘레 4km를 빠른 걸음으로
돌다가 문득 뒤를 돌아보면
벚나무들이 나보다 빠른 걸음으로 줄줄이
따라온다

그들은 태풍 루사를 헤엄쳐 지나고
폭설주의보를 건너올 때 나무의 허리가 반이상
눈에 묻혀 어정쩡한 표정일 때가 재미있다

그런 시간 서로의 경계를 지우고
나뭇가지 서너 줄기 쓰러뜨리며
나는 벚나무와 뜨겁게 포옹하고 싶다

오늘 0의 지점을 출발한 나의 벚나무는
빠른 걸음으로 반딧불 반짝이는 유년의 옛길을 돌아
생솔가지 타는 비릿내 뜨락을 지나
주검보다 무거운 겨울옷을
호숫가 벤치 위에 내려놓는다

괄호를 풀어 주다

끈끈한 생의 괄호를 풀고 나와
어젯밤 유채밭에서 한 밤 잤다

내 유년의 다락방 괄호를 열고
일기장을 꺼내 먼지를 털었다

찔레꽃잎처럼 하얗게 떨어져 내리는
내 어리석은 망설임들이여 !

거실 구석에서 겨울나기한 다육이 화분
괄호 밖으로 내몰았다
유월 햇살이 폭우처럼 쏟아져 내렸다

시름으로 칭얼대던 게으른 대지의 테마를
괄호를 열고 쫓아 내었다

오 싱그러운 대지의 하이퍼싱이여 !

4월 바람의 템포

꽃샘추위 속으로 누가 핀셋을 살랑 밀어 넣어
굳은 고목나무의 가슴을 열어주는가

동구 밖으로 흘러가는 그린컬러 잉크를
누가 파레트 위에 조용히 분류하는가

해 있을 동안 활짝 펴지는 부챗살을 앞세우고
해군 군악대처럼 쳐들어오는 4월 바람의 템포

지변리 안뜨락 논. 밭. 묘둥지 시비들은
재빠르게 좌우로 길을 선 듯 비켜주고 있다

느슨해지려는 개줄을 당기듯이
나무의 천리안은 청명한식 풍경을
꼼꼼하게 정리 하려는데

4월 역광에 눈이 부신 마을은
형광등을 켠 듯이 하늘로
부웅 떠오르고 있더라

신라 남자

몸에 비하여 다리가 긴 도요새처럼
갈 숲 건너 새떼의 울음소리로
서라벌 뜨락까지 훌쩍 다녀오는 신라처사 한 분
내 가슴 한 구석에 몇 해 동안 살고 있다

각설이가 아닌 그 남자
지난달 보름달이 멧방석만하게
상수리나무에 걸리던 밤에
초원에서 혼자 비단 옷자락을 펄럭 펄럭 흔들며
신명 깃든 어깨의 곡선을
억새 숲에 숨어서 나는 은근히 지켜보았다

산새들도 잠이 들고 풀벌레 소리만
높은 G음으로 화음을 연주하는 숲속에
씻김굿을 풀어내는 처용 같은 그 남자…

억새 숲에 몸을 숨기고 뼈에 사무치는 홍을
훔치며 나는 혼자 몸이 뜨거워졌다

호수 같이 깊은 눈으로 흰 꽃을 무더기 무더기
꺾으며 산야를 쏘다니다가
혼자 풀밭위에 식사를 즐기는 그 남자

몇번의 비단 날개짓으로 신라를 몽땅 이끌어 오는 그 처사
달밤이면 나는 은근히 기다려진다.

파도의 한 페이지를 클릭하다

동해비치 7월
어디서 금싸라기들이 삐끗 부서져 내려
더욱 투명한 7시 10분
바다의 뾰족한 모서리를 스쳐
낯선 풍경을 열어 보았을 때

파도의 흰 피톨 푸른 피톨이
서로 맞물려 교차하는 거품들이
백열등처럼 반짝반짝 눈을 떴다

바다 심층에서 누가 쿵 쿵 쿵…
해저 3만리
밀리고 밀리우는 파도의 페이지들이
철수세미처럼 꼬이고 꼬여
물새들의 이동경로를 검색하는데
땀이 흘렀다

각설탕 같은 구름 송이들이
추상의 선 위에 낯선 궁전을

빠르게 짖고 있을 때

나는 온몸의 나사를 슬쩍 풀어놓고
파도의 한 페이지를 얼른 클릭했다

나무 냄새 나는 사람

그 남자가 거느리는 사유의 반경을
잠시 들여다 보면
싱그러운 나무 냄새가 늘 좋았다

계절풍의 갈피 갈피 자벌레처럼 기어가는
팔뚝 위 푸른 정맥을 보다가
문득 압축 캡슐로 그의 은하계 속으로
풍덩 떨어져 내리고 싶어졌다
조금 불편한 자세로

미아처럼 대양을 떠돌이 할 적에
쓸쓸했던 내 발 그림자
보송보송한 그의 둔덕에 열손가락
잠시 잠시 짚어 보곤 했지

그러나 하산 길에 갑자기
그의 반나절이 잠적해 버렸다
현기증을 빠져 나오려고
내 발가락이 어물어물 하는 사이

매일 한번씩 잃어버렸다가 다시 찾아
머리채를 이끌고 오는 그 사람

나무 냄새 나는 그 남자…

5월 나무들의 행진

5월
나무들의 행진을 바라본다
흰 구름도 꽃잎처럼 흩어지는 날
푸른 가지 사이사이
누가 목관악기를 끼워 두었지?

발꿈치 들고 사뿐히 살피거라

지난 겨울 이파리 하나 없이 쓸쓸하던 날에
눈꺼풀도 없이
설핀 잠들던 밤에

볼펜심처럼 단단하게 굳어 버린
나무의 눈물 자욱들…

터무니없이 생이 억울할수록
걸음의 속도가 빨라지는

나무들의 쫄깃한
행진을 보거라

탈춤 마당놀이

—강릉 단오제 아리마당

덕지덕지 쌓이는 삶의 먼지와 오물은 탁 탁 털어내고
품바타령에 맞추어 영락을 흔들어 보자

활짝 열리는 부챗살 앞세우고
잃어버린 신화를 찾아가는 우리는
각설이. 동냥아치… 들

세상이 처음 열리던 그날부터
아무도 눈치 채지 못하게
탈속에 비밀의 리듬 파묻었느니
꽃이 스스로 피고 지듯이
화합과 조화의 장이 스스로 열리고 닫힌다

장단은 물결치듯 찰랑찰랑 흰 버선 발목에 감기고
뼈속에 사무치는 시큼한 신음 소리…

걸쭉한 입담과 농익은 육담도
꽃처럼 다시 피어 신명에 감기는 춤사위…

우리는 민초들 비렁뱅이들. 참아온 한이
소매끝자락에 화알짝 피어 구슬처럼 흩어진다

〈좋다 ! 얼씨구 !〉
〈덩- 기덕 덩-더러더러〉
〈쿵- 기덕 쿵- 더러 더러더러〉

가면 쓰는 사람

사람들이 많이 모이는 곳에
나는 가면 하나 쓰고 나간다

부슬부슬 눈발처럼 어둠이 내리는
골목길에서
내 얼굴 이리저리 그어진 시간의 줄무늬를
감추려고 갑자기 가면을 쓰다가
풍뎅이처럼 뒤로 발라당 넘어지기도 했다

내 치명적 약점을 가면으로 가리우고
타인의 시선 소심하게 경계하면서
생의 벼랑길을 휘돌아 미끄러지듯이
내 움막으로 돌아온다

내 가진 것은 오직 낡은 가면 하나 뿐…

나는 가면 하나 쓰고
가파른 외나무다리를 가로질러
허겁지겁 내 무덤으로 돌아온다

3부

철새 포럼

가을 나무의 유희

마지막 계절 어귀에 홀로 서서
둥근 생을 돌아보는 가을 나무
절뚝이며 절뚝이며 구절양장 머나먼 길
인연의 끈 이제는 조용히 놓아 버리자고
고개를 살랑 흔드네

〈모두가 헛것이다. 헛것이다.〉
이쯤에서 끈 하나 놓아 버리자고…

때 묻은 짐보따리 저만치 던져두고
둥둥둥둥 처용처럼 춤이나 한판 추고 갈까

떨이다 ! 막판이다 !
떠나면서 돌아보는 한줄 뜨거운 키스
붉은 잎새 하나만 가지 끝에 걸려 있네

생을 조용히 마감하는 나무의 춤사위가
가을 하늘을 배경으로 꽃처럼 피어오르네

아무리 생각해도 잘못 살아온 생의 프로그램을
가즈런히 접고
계곡위에 S S S··· 모르스 부호 같은 발자욱을 남기며
가을 나무의 유희가 푸른 하늘을 배경으로
노을처럼 타고 있네

현대 포토샵

동숭동 현대포토샵 진열장에는
50여년 전 푸른 시간들이 모자이크 판에 찰랑 고여 있다

학창시절 특별반 P선생님의
펄펄 끓던 교육열정을 잘라내고
청바지에 선그래스를 합성시킨 사진이
우두커니 걸려있어 사뭇 웃긴다

P선생님 창작 강의 3다법을 지도하실 적에
눈에서 별이 뚝 뚝 떨어지셨지

우물쭈물 하는 사이 시간은 윽박지르듯이 지나가고
나는 이제 한국문단에 몸을 들어 올려
중견 문인으로 성장 하였지만

은사님께서는 APT 공원벤치에서
백발을 날리시며 4월 하늘을 바라보실까

놀랍도다. 반백년 시간의 강하는 왜이리

급물살을 타는 것이며

나는 겨울잠에서 덜 깬 개구리처럼
은사님께 안부전화 한 통 드리지 못할까

양떼구름과 퍼즐놀이

여름 하늘의 흰구름 궁전을 조용히 올려다 보면
누가 구름 궁전의 서까래 하나씩을
허물어 내리는 걸 볼수 있다

때로는 헝클어진 돛대 하나 둥실 띄우고
거품 같은 세상파도를 유유히 헤쳐가기도 하더라

양떼를 몰고 가는 흰구름은 계속 무엇이나
부수어 버리고 연달아 던져 버리지만
자기 울타리를 결코 벗어나지 않는
시간의 퍼즐게임을 즐긴다는 걸 알수 있지

구름을 몰고 가는 양떼들은 비누거품으로
멈칫 거리다가 접부채처럼 세상을 크게
한번 접었다가 펴기도 하더라

누가 예전에 흰구름을 〈거인의 뇌〉라고 손가락질
했다지만 〈웃기지 마라〉
아직도 이땅에는 오류가 많아

흰구름과 양떼들은 세상에 정착하지 못하고
휘파람 불며 불며 유유히 국경을 넘어
푸른 시의 나라를 찾아서
노를 저어 건너가고 있더라

여름 감기

빨간 빵모자를 살랑 눌러쓴
감기 바이러스가 드디어 콧줄에 상륙했다는
SOS가 왔다

두 어깨를 박음질하듯이 수시로 드나들고
피라미 떼처럼 파닥 파닥 찌르면서
살금살금 돌아다니는 얌체들

고얀 놈들 시도 때도 없이
〈에취!〉
기침 한 오리씩 냉방전선에 가만히 걸어 놓고
콧물방울을 타고
전신을 빙글 빙글 선회하고 있다네

빨랫줄의 물방울처럼 대롱대롱 그네를 타듯이
내 몸 전체를 접었다 폈다
희롱할 때도 있다

고얀 놈들 !

엇박자로 터져버린 내 몸의 솔기마다
하얗게 알을 까놓을 것 같아

아버지의 신발

나무꾼 아버지의 신발은 언제나
이웃 사람들 시선 밖에
추운 모양새로 기우뚱 놓여 있었어

보릿고개를 땀으로 건너 오실제
아버지의 신발 두 날개에는
수묵화 같은 검은 멍이
아롱아롱 실밥처럼 지나가고 있었지

우리 가족의 껍데기처럼
언제나 추운 바깥을 우왕좌왕 신발 한짝
날아다녔지만

나의 유년시절 우리집 지붕 위에는
조팝꽃처럼 사계절 노오랗게
가난의 꽃이 피어 있었어.

지신 밟는 나무들

흰구름도 팝콘처럼 흩어지는 5월 아침
나무들이 새내기 장병들처럼
행진을 시작하고 있다
어느새 허벅지까지 맵시를 들어내 자랑하는
나뭇결 사이사이로 삽상한 바람이
감칠맛을 당기고 있네

누더기 한 벌로 겨울강을 맨발로 건너온
이팝나무도 연둣빛 연회복으로 금방 바꿔 입었어

그 무렵 삐죽이 눈망울 열어
새 세상을 열어 보던 백목련 아씨는
흰 명주 수건을 들고 나비춤을 사뿐히 펴고 있잖아

나무들의 푸른 행진이 4열 횡대로
5월 뜨락을 한 바퀴 지신 밟듯이 돌아나간후
나는 머무르고 싶은 행복의 소실점을
실눈 뜨고 가만히 지켜보고 있다

九月의 江

江물은 깨달음 깊은 도인처럼
눈꺼풀 내리깔고 잔잔히 침묵의 제 길을 가고 있다

물살은 나무보다 먼저 깨어나
빠른 걸음으로 자갈돌들을 살짝 건드렸다가
시시비비를 가리지 아니하며
오직 앞만 보며 내달리고 있다

생의 구비구비에서 한번씩 뒤척일 적마다
다시 보이는 고단했던 세간들
닿을락 말락했던 암묵의 눈짓들
좀체로 으깨어지지 않는 인연의 고리들
조금 심플했던 연애건
이제는 끝났다 3막4장이 끝났단다
얼룩점들을 패대기 쳐 던지고

江은 오직 시선을 멀리 두기로 하였다
쭈글쭈글한 자신의 생애를 반듯하게 접고 접어
바다의 배꼽 속으로 돌아가고 있다

가을 설악권이 불춤을 당길 때

설악산 시즌이 온통 불춤을 당길 때
오래된 나무 둥지는 어느덧 살이 내리고
어딘가 홀로 숨어 우는 여인의 머리채
흔들리며 보였다가 사라지네

단풍나무들은 일렬횡대로 계속 걷고 걸어 걸어
백두대간 능선을 타고
우우…… 우우우우
불춤은 파도치듯이 마등령에서 나한봉을 우회하고
남동쪽 산자락 8km 언저리까지
불똥들은 쿵 쿵 쿵 쿵 뛰어 다니며
익은 게암 냄새를 이리저리 피운다더라

단풍나무 머리에서 뿌리까지 ww www www
사방연속 무늬로 번지며
불꽃의 꼬리와 꼬리를 잡는데

누구도 막을수 없는 성난 불길 !
결코 잡히지 않고 저대로 번져 나간다

드디어 막을 내리는 박달나무는 가발도 벗고
베일도 벗고
십이선녀탕에 차례차례 자결을 시도 하나보다

가을 설악을 낄낄 거리며 돌아치던 붉은 춤사위가
설악권을 모두 사루려고 음모를 꾸미고 있었나보다

설악의 가을빛

꼬리 반짝 들고 공룡능선 스쳐가는 가을빛

천의 얼굴
만의 소리 내지르는 단풍나무

시월의 마지막 밤
단풍나무는 불춤을 하늘 꼭두까지 풀어 올린다

마등령을 휘돌아 나온 게암 냄새
백두대간을 슬쩍 넘어가네

으슥토록 어느 광녀의 옷자락처럼
분분한 단풍잎새들…

설악 산장 핑크빛 램프마저 3박자로
흔들리는데

나의 몸과 마음은
아득히 지하로 침몰 하는 것 같아…

감나무가 서 있는 풍경
—데칼코마니

울긋불긋한 감나무 서너 그루 웅성웅성 서 있는
유년의 풍경 한 컷을 압축캡슐에 담아 놓고 다시 본다

반짝거리는 손바닥을 살랑살랑 흔들다가
한나절이 기울 무렵 전신으로 키를 키우면서
부웅 떠오르는 감나무들

두근거리는 가슴의 파문 한 장 한 장 뒤집으면서
기억의 소실점을 남기고 아득히 멀어지는 나무들…

가난한 가을 냄새 솔 솔 익어가는 뜨락 저편으로
속눈썹이 긴 소년 하나
자전거 바퀴로 바람을 가르며 달리고 있다

붉은 감이 도레미솔로 층층이 매달리는 가지 사이로
소년의 이름을 나지막하게 불러 보고 싶었는데
감나무는 이명 속에 손을 넣어 소년의 실루엣과
가을 감나무를 반으로 접었다가 다시 펴 놓는다

칸막이 논바닥에 들숨 날숨
빛의 각도로 내려앉는 바람이
데칼코마니 식으로 가을 그림 한 장을 완성해 놓았다
— 감나무가 서 있는 풍경 —   한 컷

비창 소나타

강문바다에 안개비 내려 쌓여
하늘과 바다는 온통 몸을 하나로 섞어
끈끈하던 하오 3시

카페 〈섬〉에서 바다의 팽팽한 현을 내다보며
차이코프스키선율속에 푹 몸을 담가 긴장을 풀었다오

〈비창 소타나〉가 2악장에 들어설 즈음
수평선을 3년 전으로 쓱 당겼다가 슬쩍 놓아 보았죠

난데없이 여류시인 함혜련 언니의 실루엣이
꽃무늬 원피스를 나풀거리며 모래톱으로
빠른 걸음 둥글게 지나가지 뭐예요?

노시인의 긴 머리결 위에 꽃 한송이튕겨져
까닥거리며 앞서가더라구요

B교수님 !
차이코프스키 소나타 4악장 몽땅

받으실래요?

〈비창 소나타와 함 시인을 봉합하여
 셀폰 전송합니다 〉

드디어 바닷가에는 비창 소나타 악장은
슬며시 꼬리를 사리고 없어지고
함시인의그림자 발자욱 두어 개
모래톱에 움푹 자욱만 남기고 있었습니다

나무의 사춘기

나무의 둥근 숨구멍을 계절 따라
휘돌아 나가는 푸른 불꽃이 있다

화상을 입히지 못하는
추상의 불꽃 무늬들…

빙글 빙글 나이테를 돌고 돌다가
환각처럼 여드름 몇점 표피에 새겨 두고
저만치 동구 밖으로 돌아나간다

바람이 지나가도 결코 꺼지지 않는 불꽃
멜라닌 색소 같기도 하고
원시의 즘생 발자욱 같기도 하고

그의 발진들이 푸른 건반을 두드리며
빠르게 지나간다

나무의 사춘기는 때때로
귀뚜라미 우는 소리로 촘촘한 보폭으로

원색의 계단을 울렁울렁 가버린다

투명한 물방울 무늬를 몇점 남겨두고
나에게는 아찔한 현기증을 안겨주고

환각의 여드름처럼
촘촘하게 가버린다

철새 포럼

침묵의 땅 DMZ
철새들이 모여 앉아
〈평화〉를 주제로 뜨거운 포럼을 열고 있다

고니. 기러기. 청둥오리. 고방오리…

완충지대 155마일 DMZ 에는
태양도 반쪽 얼굴 내밀었다가
얼른 억새 숲에 숨어 버린다

「조국의 혈관을 우리의 부리로
쪼아서 뚫어야 합니다」

「어혈의 누더기 155마일.
우리의 날개로 찢어 버립시다」

알락 할미새는 흥분조로 말하고
어디로 날아가 버렸다

녹색 공화국을 가로지른 사선을
제거하자는 테마로 철새들의 포럼은
온종일 끝나지 아니했다

손의 표정

차 한잔 마주 앉아 마시는 잠깐 동안
B교수님 손의 표정을 얼른 훔쳐 본다

생의 트랙을 돌아 나오시며 님의 속 마음을
동그마니 어느 역에 놔두고 오신 듯
그 손의 실핏줄에는 느낌이 전혀 떠오르지 아니했다

그가 자가용 핸들을 잡았을 때
혹 셀폰을 만지작 거릴 때
생각의 집채인 그의 커다란 몸체와
따로 노닐던 무기교의 손가락들

아득한 유년의 바람개비를 돌리거나
시야의 풍경 한 컷을 부채살처럼
접었다 펴거나
지인들의 꿈을 허공에 그래픽 뜨거나 할 때
습기 잃은 나뭇가지처럼 보였던 그 손

오늘은 500쪽 4.6판 잉크 냄새 풍기는

메타포어 한권을 택배로 보내 주셨다

그제서야 손의 표정은 무지개 다리처럼 펼쳐지고
나의 디카에는 은유의 깃털 하나가
쓱 쏘아 올라갔다

가을 잎새들의 여행

잠자던 연어 떼들이 시끌벅적 말을 걸면서 돌아오는데
가을 잎새들은 무작정 어디로 가자는 걸까?

숨소리 죽이며 마지막인 듯 바라본
내 삶의 빛깔은 오늘따라 불현듯 이가 시려 온다

잎새들과 잠시 손을 잡고 있자면
"달그락"
"달그락"
휘파람 같은 소리가 핏줄 사이로 전해오는데

잎새들은 떠나면서 파도치듯 결과 엽맥으로
그림 한 장을 업데이트 하려고 해 있을동안
서두르고 있다

우리가 손을 잡고 이 도시를 떠나면서
두 눈과 귀를 닫고 싶은 까닭은

여러번의 이별 뒤에 버티고 선

연민의 뒤켠을 들키게 될 것을
예견하기 때문이 아닐까

리듬 타는 가랑잎의 유희

입술 마른 가랑잎들이 하늘 꼭두에서
춤추듯이 3박자로 떨어져 내린다

그녀들은 해지는 시각에 꼭 맞추어
저쪽 세상으로 떠나 가려하네

한 닢의 그녀…
두 닢의 그녀…
떨림의 각도를 다르게 열면서
온 몸이 불처럼 타고 있어…

지는 해의 빛살을 받기 위하여
그녀들이 비밀스런 몸을 열어 보일적이면

〈유서 한 장 남기지 말라 !〉
낯선 바람이 와서 등을 떠미네

〈잘 가거라 !〉
그녀 소외의 정답이여.

떠나면서 비로소 자유롭단다

삶의 곡선 위에 서서 다시보면
늘 매사에 어긋나던 약속

햇살에 반짝이는 풀씨와 함께
가랑잎이 떨어지면서
내 가슴에 릴 하나 찍 긋고 있다

벼랑 끝에 몸을 세우는 나무

나무는 가파른 천길 생의 벼랑 끝에
몸을 곧추세우고
울퉁불퉁한 앞길을 건너다보고 있다

〈뛰어 내리려는가 ?〉

흰 구름 한 송이 흐르다가
비웃음 같은 흰 수건 한 장 놓고 간다

누더기 한 벌로 겨울 강을 건너온 나무

4월 아침 비로소
나무의 맨발은 발광체처럼 한껏 빛이 났다

오늘따라 알싸한 맨살의 향기
신비로운 빛 목피를 스치는 4월

먼지 묻은 손 얼른 씻고 나는
나무 앞에 손을 가만히 내어 민다

4부

내리는 눈의 리듬

눈 내리는 밤

불면의 긴 밤
좀 생산적인 수작업을 하기로 했다

다락에서 헌 물레를 찾아 내리고
밤 깊도록 나는 새 목화솜을 돌려
이상한 루머의 피륙을 줄줄이 풀어 내렸다

어느새 방 안에는 흰 무명 실타래가
화안히 꽃잎 지듯 쌓이고 포근포근 1.5m의
멈춤이 없는 무명깃의 부피는 나의 고독을 덮어주고 있었다

그 무렵 목이 핼쓱한 소녀 하나가 창밖에 지나갔다
휘파람을 불어 나는 침실로 소녀를 유혹했다

소녀는 흰 램프를 들고 최초로 나에게 다가오고
그녀의 흰 너울을 열고 핏기 없는 발목을 눕히고
우리는 터진 솔기 속에서 합일을 이루었다

나는 밤새도록 헌 물레를 돌리고

소녀는 무명 피륙에 〈설경산수도〉라는
자수를 한 땀 한 땀 놓을 때
나의 세포들은 그녀의 자수 속에서 달콤하게 놀고 있었다

날이 밝았다
소녀는 금싸라기 햇살을 만나자 찬 손을 공손히 내리고
스르르륵 어디론가 사라져 갔다

첫눈 바이러스

낯선 빛살들이 투명한 목마를 타고
자작나무를 쓰러뜨리며
긴 철로를 따라 러시아의 밤을 지나올 때

아스피린 분말들은 반짝 반짝 하얀 속살을
뒤집으며 어리둥절 숲에 쳐들어 왔다오

아득한 江을 내려다보며 그대 뜨락에 건너갈 수 없어
기침보다 흰 빛에 먼저 민감해지는
무모한 환절기 속에 갑자기 창을 닫으며
저는 외딴 열병을 조용히 앓고 있습니다

가로세로 겹쳤다가 흩어지는
각설탕의 모서리들이 귓때기 부딪치며
〈밀지마! 밀지마!〉
전신거울에 나신을 비추며 더욱 모호해지는…

밤새 하얗게 빛바랜 나무들이
밧데리를 손끝으로 확인하며

바이칼 호수 쪽으로 계속 걸어가는 밤이
포근포근 깊어 가고 있습니다

산성비가 지그재그 지나갔다

위촌리 윗마을 과수원 묘목 위로
산성비가 지그재그 지나갔다

펜촉같이 솟구치던 사과꽃 봉오리 위에
반달무늬 상처가 금방 생겼다

6월 하늘을 내다보던 푸성귀 하나가
탱자나무 울타리 사이로
까칠한 주둥이를 얼른 숨긴다

밭두렁 논두렁으로 어슬렁거리며
장난질 치던 산성비

빗방울 두 세 개가 시금치 밭을
점프하고 스쳐간 후

짜놓은 연고처럼 시큼하게 무너지는
초록의 궁전

농부 K씨는 요즘 세상을 건너가는 일이 치사해져서
몸을 조그맣게 움츠렸다

나의 귀가는 따뜻했네

퍽퍽한 공터 같은 생의 변두리에
아직 꽃송이 하나 외눈 뜨고
나를 기다리는 귀가는
하나의 외따른 가설일까

상처 입고 절뚝이며 돌아오는 늦은 녘
꼬리를 들어 누렁이 한 마리
나의 남루함을 큼큼 거리네

아직도 꽃은 작은 문을 열고 있어
눈을 감고도 꽃의 명도를 분별할 수 있는
손의 감각이 고맙구먼

아득한 우주 한 모서리 쪽으로
거문고 하나 둘러메고 호젓이 걸어가던
〈매화초옥도〉의 늙은 그 사내처럼

흔들리는 시야 안쪽으로 천천히 먼데서부터
꽃 한송이와 흔들리는 풍경 한 컷

휘어잡으며 나의 귀가는

아직도 따뜻하다

겨울 선자령에서

—장호 시인의 신발 연작시 화답으로

겨울 선자령에 아득히 눈발 날리던 날
기중기를 타고 슬금슬금 지구 밑바닥으로 내려가다가
잠시 긴장을 풀고
이상한 소리에 귀를 기울였다

「박시인님
 선자령에서 강릉 내려가면
 박시인께 곧 연락 드리리다」

흰 눈발 천지에 가득히 내리는 비상구를 통하여
난데없이 장호(시인) 교수님의 목소리가
내 가슴위로 z z z 내려앉았다

산봉우리에서 봉우리로 이어지는
편안하고 고즈넉하게 굽이쳐 흐르는 능선은
삶과 죽음의 교차로인가

선자령 계곡이 너무 아름다워 아득한 옛날
하늘의 선녀가 아들을 데리고 목욕하고 올라갔다는

전설 속으로 흰 눈발 하염없이 날아 내리는데

나선형을 이루다가 사라지는 설인(雪人)의 발자욱은
신발 열두 켤레만 지상에 남겨두고
영원히 산문 열고 훌쩍 들어가 버렸다

대청봉은 붉은 잉크에 흔들린다

가을 타는 천불동 계곡을 천천히 도보로 내리다가
선듯 돌아보면
청봉은 눈을 동그랗게 뜨고 가로세로 흔들린다

용대리 한참 지나 백담 산장에서 잠깐
숨돌리고 숲길 타박타박 걸어 걸어
계곡 물소리 귀에 담고 하늘 한번 쳐다 보고…

오곡백과는 가을 하늘 빛살을 모아
제향기 풀어 놓고 제물을 바치듯이
넙죽 엎드려 쉬고 있더라

찰진 계절의 빛살은 더욱 투명해져
청봉을 살짝 건너 뛰려다가
제 무게와 깊이로 나무들 어깨 위에
초점 하나씩을 더 해 놓는다

공룡능선 쪽으로 산노루 한 마리 선듯
암벽 기어 오르는 시각

청봉은 붉은 잉크 물속에
「엉덩이가 젖어 버렸다 !」 하고
우람한 소리를 내 지르는 계절의 끝…

온라인으로 쳐들어오는 단풍나무들

PC화면 가득히 단풍나무들이
타는 잎새 흔들면서 줄줄이 들어서고 있다

단풍나무 행렬은 어디서 출발했을까
덤으로 가져온 보랏빛 들국 묶음에는
오소소 한기가 묻어 왔다

단풍나무 표정이야 어느 산이나 비슷하겠지만
우리 조상님 산소를 지켜온 단풍나무 등걸에는
이야기가 숨어있다

긴 여름 잡초들과 싸우면서
훠이 훠이 산짐승 쫓으면서

강릉시 사천면 노동리 산 A번지
티끌 잔디 소록소록 지켜온 지킴이 나무

한결 같이 붉은 등 구부리고
기우뚱 거리는 시간을 건너온

단풍나무 행렬이 PC화면
꽈악 메우면서 쳐들어오고 있다

고랭지에서

가난한 배추들이 콧잔등 시퍼렇게 얼어
자작나무 숲 쪽으로 줄지어 걸어간다

배추들 귀때기에서 찬바람 소리가
내 오지랖을 방금 스쳐 지났다

아흔 아홉 구비 대관령 잎새 부터
조금씩 날리기 시작하는 눈발들 사이로
하고 싶은 말 한마디 맴 맴 맴도는데

얼음세공 같은 감성을 어디에 숨기고
Mr. B는 요즘 메시지 한번 없을까

나 이제 웅크리고 꿈가지들 모두어 착한 동물처럼
깊은 겨울나기 동굴에 혼자 들어야 할까봐

외계에 내리는 사만오천개의 진눈깨비들만
하나. 둘…
창백한 메시지를 남기고 슬어지네.

청호동 갯배는 만삭이었다

겨울 새벽
영하의 기온 속에 눈발조차 흩날리는
청호동 갯배

아바이는 새벽 4시를 열고
명태바리 떠났고
동해 수평선에서 날아온
눈 푸른 괭이갈매기들
표범보다 날카로운 송곳니로
ㅋㅋㅋㅋ 갯배머리를 쪼아대었다

오마니는 펄펄 뛰는 생태를 고봉으로
고무 함지박에 담아 머리에 이고 섰다

자전거를 끌고 배에 오르시는 김씨 아저씨
강아지를 데리고 할마시 한분도 배에 올랐다
책가방을 들고 서있는 미래의 꿈나무들…

살아있는 풀잎같은 생명체들이

빙산 같은 동체를 입김으로 움직여서
청호동을 떠밀고 갔다

청호동 갯배는 아침마다
만삭이었다

창밖의 3월 풍경 한 컷

저만치 두터운 겨울 화석 한판이
눈꺼풀 내려 깔고 슬금슬금 떠내려가네

깊은 잠에서 문득 깨어난
암각 문자들이 절뚝이며 절뚝이며
산모롱이를 돌아 나가네

누군가 씹다버린 껌조각처럼
육필 편지 한 장이 발에 밟히네

대지에 영원한 설국은 없는거라고
밥 한 공기 보다 소중한 새싹의 소리가
여린 물감을 햇볕 아래 질펀히 풀어 놓았네

고목의 표피처럼 투박한 농부의 손가락이
묵은땅을 건반처럼 두드리는 오늘 아침은
성스럽구나 !

창밖의 세상은 신비로 가득차 오르고

철새들의 비행연습은

나선형의 그래프를 그리는 아침 풍경 한 컷 !

한 잔의 커피

대관령 월정사 그윽한 선방에서
한 잔 커피와 마주 앉는다

대웅전 풍경소리 찰랑 찰랑
선문답이 리듬 타는 고요 아침

가을 나무들은 서둘러 옷깃 여미며
순례의 길 떠나려 주춤 거리는데

한결 드높아진 가을 하늘 아래
억새밭 저 너머에서 머리 희끗희끗한
바람이 건너와서
암각화 문양을 읽으라고 내 옷깃 흔든다

차마 열어 볼 수 없는 그리운 얼굴
한잔 커피 향속에
솔솔 녹아 맴도는데

상원사 동종 소리가

오래전 잃어버린 자아를 찾아서
오대산 숲으로 가보라고
조용히 등을 떠미네

내리는 눈의 리듬

하얀 면사포를 쓴 어린 신부가
겨울 캐나다 록키산맥 전나무 숲에
밀려와 누워 있네

초야에 옷 벗은 그 처녀
영감의 긴 머리채를 전생의 문설주에 기대고 있어

젖은 듯 보송보송하고
포근포근 하나 싸늘한 그대 손 끝에서
흰나방들 포르르 포르르 날아 내렸지

하늘 꼭두에서 누가 하프 한 꺼풀씩 벗기고
하이얀 G선 하나
팅 ! 끊어 떨구네

숲의 꽉 다문 입술 끝에서
겹쳤다가 멀어지는 순환점 보았니 ?

눈발은 레이크 루이스에서 끝나고

눈의 리듬은 내 가슴에서 천천히 들고 일어나는

아득히 멀고 먼 겨울 광야의 현란한 춤…

우리는 쫓기는 짐승처럼

깜빡깜빡 전광판의 초침이
〈타임오버〉를 예고하는 막다른 코너에서
우리는 쫓기는 두 마리 짐승입니다

금속성의 터널을 빠지면서
옷깃 스치는 거리에서
시선 한번 스치지 못한 우리는 타인입니다

동해 벼랑길 달려오면서
on off 살얼음 낀 내리막길은 막막합니다

후생의 어디쯤에서 다시 만날까
약속의 손가락도 걸지 못하고

통곡처럼 엎드린 묘지를 지나
천년 그리움으로 켜 놓은 등불 흔들리는 벼랑길에

흘림채로 주르륵 미끄러지는
우리는 쫓기우는 영혼입니다

| 작품해설

서정성의 원류에서 투사(投射)된 해체

—박명자의 시 세계

김 송 배
(시인. 한국문인협회 부이사장)

1. '낯선 기호들'과 그 의미의 탐색

현대시의 전개과정이나 그 양상은 다변적이다. 일찍이 김춘수 시인이 주창한 무의미시에서부터 해체시, 티카시, 하이퍼시 등등 그 유형과 시법(詩法)이 다양하게 창작하는 현상을 목도하게 되는데 이러한 일련의 시법을 우리 현대시의 발전적인 한 지향점으로 볼 것인지 아니면 서구의 시풍(詩風)을 그냥 흉내내는 것인지는 정확하게 결론을 내리지 못하고 있다.

지금까지 의례히 시라고 하면 통상적으로 전해지는 시 창작법에 따라서 그 구성요소와 발상 동기 그리고 표현법에서 기승전결과 같은 기법으로 주제를 명징(明澄)하게 창출하는 문제들을 깊게 탐색하는 경향으로 우리 시는 정

착되어 왔다.

여기 박명자 시인이 상재하는 제13시집『낯선 기호들』을 읽으면서 문득 우리 현대시가 발전해온 경로가 참으로 다원적인 역사와 지향성을 위한 노력들이 이제사 빛나고 있다는 솔직한 심경이 앞서는 것은 왠일일까.

그는 '시인의 말-나의 시와 키워드' 에서 '내가 요즘 시에서 추구하는 시적 테크닉은 기존 관념의 해체이다. 한국시 100년을 꾸준히 지배해온 단선구조의 틀을 선뜻 깨뜨리고 다선구조의 모양새로 디자인 하고자 땀 흘리는 작업에 온통 시선이 꽂혀있다' 라고 자신의 작품에 대한 경향을 예고한 바와 같이 그가 집착하는 '기존 관념의 해체' 는 무의미시에서부터 실험된 시법들의 종합적인 정리단계에 이르고 있다는 점을 간과(看過)하지 못한다.

김춘수의 무의미시는 '이미지를 서술적으로 사용하여 대상을 잃음으로써 대상을 무화시킨 결과 자유를 얻게 되는 시를 뜻한다. 그러므로 대상이나 사물을 제거시키고 난 어떤 방심 상태, 그 자유스런 유희의 상태가 곧 무의미시라는 것이다. 무의미시란 결국 허무의 극복에서 비롯되는 시를 말하는 것으로 해석된다.' 는 어느 시론가의 말처럼 시적 대상이나 사물이미지를 무화함으로써 획득하는 '자유' 나 '방심' 그리고 '자유스런 유희상태' 에서 '허무의 극복' 이라는 명제를 탐색하는 것이다.

한편 박명자 시인이 주창하는 '해체' 는 언젠가 김준오 교수의 시론집『도시시와 해체시』에서 언급한 '해체시는 시인의 세계관이 유보된 상태에서 있는 그대로의 현실을, 묘사가 아니라 인용하는 형태를 취한다. 언어가 더 이상 현실을 완벽하게 재현할 수 없다는 언어에 대한 불신에서 전통 시형식의 파괴라는 해체의 충격이 가시화된 시가 바로 해체시이다.' 라는 이론을 상기한다면 '해체' 라는 단순 개념보다는 보다 광범위한 심저(心底)에서 울리는 그의 메시지를 이해하게 된다.

낯선 기호들과 가슴 열고
풀밭에서 해종일 놀았다

기호 @　　기호 □
기호 F　　기호 △

기호들과 놀다가 깜빡 넘어져서
진흙땅을 짚고 바라본 아침 해

오. 이것은 분명 어제본 태양이 아니네 !

새 낯빛 새 향기
팽팽하게 긴장된 하늘 한쪽
금박무늬 테두리를 꾸미고
발레리나처럼 위로 솟구치는 그네들 액션

남루한 뜨락을 비추이는 어제의 빛이 아닌
새 아침 하얀 깃털
가벼운 돛대 같은 거…

낯선 기호들과 가슴 포개이고
하나가 되었다

기호 ! 기호 ?
기호 # 기호 =

—「낯선 기호들」 전문

이 작품 「낯선 기호들」전문에서 보는 바와 같이 '낯선 기호들과 가슴 열고 / 풀밭에서 해종일 놀았다' 는 어조에서 읽을 수 있듯이 언어의 고유 기능에서 진일보한 특수 사유(思惟)의 세계를 확인하게 되는데 이는 박명자 시인이 지금까지(제11시집 『2시 15분의 청보리밭』에 이어 제12시집 『떠도는 나무』에 이르기 까지) 끊임 없이 탐색해온 '해체' 의 근간(根幹)을 위한 강렬한 시정신임을 이해할 수 있게 한다.

이 작품은 이 시집의 표제시가 되기도 하는데 '낯선 기호들과 가슴 포개이고 / 하나가 되었다' 는 결론의 적시(摘示)는 '기호 @ 기호 / □기호 F 기호 △' 나 '기호 ! 기호 ? / 기호 # 기호 =' 의 '기호' 와 같이 만유(萬有)의 자연이나 인간들의 생활상이 진실로 융합(融合)하려는 형상으로 발현되고 있어서 우리들에게 생소하면서도 상당한 내면적인 흡인력(吸引力)을 분사(噴射)하고 있다.

그래서 박명자 시인의 작품들은 시의 대상에서 현실을 초탈(超脫)하려는 언어, 혹은 기호로 구성되고 있다. 그는 현실의 노래보다는 현실을 재현한 현실, 이러한 기호의 세계를 노래하고, 다시 기호화하고, 환상이나 제2차의 현실에서 무엇인가 갈구(渴求)하는 개념으로 노래하고 있다.

끈끈한 생의 괄호를 풀고 나와
어젯밤 유채밭에서 한 밤 잤다

내 유년의 다락방 괄호를 열고
일기장을 꺼내 먼지를 털었다

찔레꽃잎처럼 하얗게 떨어져 내리는
내 어리석은 망설임들이여 !

거실 구석에서 겨울나기한 다육이 화분
괄호밖으로 내몰았다
유월 햇살이 폭우처럼 쏟아져 내렸다

시름으로 칭얼대던 게으른 대지의 테마를
괄호를 열고 쫓아 내었다

오 싱그러운 대지의 하이퍼싱이여 !

여기 작품 「괄호를 풀어 주다」에서는 '하이퍼싱' 에 대한 개념을 도입하여 '괄호' 라는 묶여진 형태의 우리들 삶의 상황을 풀어주는 어쩌면 그의 철학이 내재된 진실이 현현되고 있다고 할 수 있다. 그것은 그가 '내 유년의 다락방 괄호를 열고 / 일기장을 꺼내 먼지를 털었다' 라거나 '시름으로 칭얼대던 게으른 대지의 테마를 / 괄호를 열고 쫓아 내었다' 는 어조가 비범(非凡)의 범주(範疇)를 초월하는 하이퍼시의 접근임을 이해할 수 있다.

그는 '괄호' 의 안과 밖의 대칭을 통해서 '내 어리석은 망설임' 과 '게으른 대지의 테마를' 서로 분리시키는 그의 현실적인 고뇌에서 새로운 사유의 확대를 위한 꾸준한 시적 성취를 위한 노력의 일단으로 보여진다.

이 밖에도 작품 「가면 쓰는 사람」에서도 '가파른 외나무다리를 가로질러 / 허겁지겁 내 무덤으로 돌아온다' 라거나 작품 「九月의 江」에서 '쭈글쭈글한 자신의 생애를 반듯하게 접고 접어 / 바다의 배꼽 속으로 돌아가고 있다' 또는 작품 「손의 표정」에서 '그제서야 손의 표정은 무지개 다리처럼 펼쳐지고 / 나의 디카에는 은유의 깃털 하나가 / 쓱 쏘아 올라갔다' 그리고 작품 「눈 내리는 밤」에서 '자수를 한 땀 한 땀 놓을 때 / 나의 세포들은 그녀의 자수 속에서 달콤하게 놀고 있었다' 라는 어조는 바로 그가 메시지로 제시하는 '낯선 기호들' 의 표상(表象)이라고 할 수 있을 것이다.

2. 시각, 청각 이미지의 조화

박명자 시인에게서는 다시 외적(外的) 사물에 대한 시각적, 청각적인 이미지의 창출로 시적 진실과 연결하는 시법을 선호(選好)하는 경향이 있는데 이는 '지구보다 무거운 이념의 삶을 / 지팡이 하나로 밀고 혼자 나아가는 거리의 천사를 보았다(「지팡이 하나로 지구를 밀고 나아가는 사람」중에서)' 라는 어조와 같이 '보았다' 라는 시각적인 이미지를 투영하면서 전개하는 시법은 사물이나 상황(situation)을 통한 심연(深淵)의 시적 진수(眞髓)가 발양되고 있음을 알 수 있다.

그가 이처럼 시각적인 어조는 대체로 다음과 같이 요약할 수 있을 것이다.

- 아침 경포호수 둘레 4km를 빠른 걸음으로 / 돌다가 문득 뒤를 돌아보면 / 벚나무들이 나보다 빠른 걸음으로 줄줄이 / 따라 온다(「벚나무들의 빠른 걸음」중에서)
- 초원에서 혼자 비단 옷자락을 펄럭 펄럭 흔들며 / 신명 깃든 어깨의 곡선을 / 억새 숲에 숨어서 나는 은근히 지켜보았다(「신라 남자」중에서)
- 동해비치 7월 / 어디서 금싸라기들이 삐끗 부서져 내려 / 더욱 투명한 7시 10분 / 바다의 뾰족한 모서리를 스쳐 / 낯선 풍경을 열어 보았을 때(「파도의 한 페이지를

클릭하다」중에서)

- 5월 / 나무들의 행진을 바라본다 / 흰 구름도 꽃잎처럼 흩어지는 날 / 푸른 가지 사이사이 / 누가 목관악기를 끼워 두었지?(「5월 나무들의 행진」중에서)
- 여름 하늘의 흰구름 궁전을 조용히 올려다 보면 / 누가 구름 궁전의 서까래 하나씩을 / 허물어 내리는 걸 볼 수 있다(「양떼구름과 퍼즐놀이」중에서)
- 5월 뜨락을 한 바퀴 지신 밟듯이 돌아나간후 / 나는 머무르고 싶은 행복의 소실점을 / 실눈 뜨고 가만히 지켜 보고 있다(「지신 밟는 나무들」중에서)
- 울긋불긋한 감나무 서너 그루 웅성웅성 서 있는 / 유년의 풍경 한 컷을 압축캡슐에 담아 놓고 다시 본다(「감나무가 서 있는 풍경-데칼코마니」중에서)

이와 같이 박명자 시인의 시야에 나타나는 기존의 사물들을 응시하면서 표현에 있어서도 '돌아보면', '지켜보았다', '보았을 때', '바라본다', '볼 수 있다', '보고 있다', '다시 본다'는 등등의 시각에서 그가 추구하려는 '해체'나 탈관념에 대한 접맥(接脈) 또는 접근에 이르는 시법으로 공감의 영역을 유로(流路)하고 있다.

나무는 가파른 천길 생의 벼랑 끝에
몸을 고추 세우고
울퉁불퉁한 앞길을 건너다보고 있다

〈 뛰어 내리려는가 ? 〉

흰 구름 한송이 흐르다가
비웃음 같은 흰 수건 한 장 놓고 간다

누더기 한 벌로 겨울 강을 건너온 나무

4월 아침 비로소
나무의 맨발은 발광체처럼 한껏 빛이 났다

오늘따라 알싸한 맨살의 향기
신비로운 빛 목피를 스치는 4월

먼지 묵은 손 얼른 씻고 나는
나무 앞에 손을 가만히 내어 민다

이 작품 「벼랑 끝에 몸을 세우는 나무」 전문에서도 '나무는 가파른 천길 생의 벼랑 끝에 / 몸을 고추 세우고 / 울퉁불퉁한 앞길을 건너다보고 있다' 는 어조에서 명징하게 읽을 수 있듯이 그의 시각적 이미지의 투영은 그가 탐색하는 '해체' 를 위한 전주곡처럼 들린다.

그는 '누더기 한 벌로 겨울 강을 건너온 나무 / 4월 아침 비로소 / 나무의 맨발은 발광체처럼 한껏 빛이 났다'

는 시적 상황과 전개과정에서 유추할 수 있는 것은 현실을 초탈하려는 기호의 세계를 '겨울 강을 건너온 나무' 이거나 '나무의 맨발' 로 현현되면서 '낯선 기호들' 의 의미를 더욱 강렬하게 탐구하고 있다.

박명자 시인은 다시 청각에도 예리한 이미지의 창출로 작품의 다양한 주제를 형상화하고 있는데 '산새들도 잠이 들고 풀벌레 소리만 / 높은 G음으로 화음을 연주하는 숲속에 / 씻김굿을 풀어내는 처용 같은 그 남자(「신라 남자」중에서)', '바다 심층에서 누가 쿵 쿵 쿵…/ 해저 3만리 / 밀리고 밀리우는 파도의 페이지들(「파도의 한 페이지를 클릭하다」중에서)', '장단은 물결치듯 찰랑찰랑 흰 버선 발목에 감기고 / 뼈속에 사무치는 시큼한 신음 소리(「탈춤 마당놀이」중에서)', 'B교수님 !/ 차이코프스키 소나타 4악장 몽땅 / 받으실래요?(「비창 소나타」중에서)' 그리고 '나무의 사춘기는 때때로 / 귀뚜라미 우는 소리로 촘촘한 보폭으로 / 원색의 계단을 울렁울렁 가버린다(「나무의 사춘기」중에서)' 등등 헤아릴 수 없이 청각을 열어두고 외적인 요소와 교감하고 있다.

나의 생 앞에 놓인 울퉁불퉁한 점과
푸른 선들의 집합을 차례로 밟으며
고봉밥을 찾아 걸어 나갈 때
소용돌이치던 이웃여자들의 웃음소리가
까무르륵 사라지죠

박명자 시인의 '해체' 에서의 결론은 이 작품 「탈 쓰고 나가는 여자」중에서 보는 바와 같이 '나의 생 앞에 놓인 울퉁불퉁한 점' 에 관한 현실과의 융합과 화해를 위한 갈등이나 고뇌가 그의 뇌리에 상당한 영역으로 점유하고 있음을 알 수 있다.

3. 언어의 기능에서 화해하는 시법

박명자 시인이 명민(明敏)하게 접근하는 시법의 원천(源泉)에는 언어의 기능을 배제할 수 없을 것이다. 일찍이 논어(論語) 자장편(子張篇)에는 '일언이위지 일언이부지(一言以爲 知一言以不知)' 라고 해서 단 한 마디의 말로써 지자(知者)도 되고 무식자도 될 수 있다는 뜻으로 언어는 대단히 신중하게 다루어야 한다는 것이다.

또한 T. S. 엘리엇도 시인이 자기가 뜻하는 바로 언어를 틀어 맞추고 필요하다면 전용하기 위하여 더 포괄적이며 풍류적인 간접적이 되어야 한다고 말하는데 이러한 시와 언어의 불가분성은 우리들이 많은 창작 체험을 통해서 익히 알고 있지만 우리 시인들의 숙명이라고 할 수 있다.

우리가 단순 개념으로 '시는 언어의 예술이다.' 라는 의식을 더욱 고차원으로 확산하는 기능은 우리 시인들이 가장 중요하게 여기는 이유가 바로 이러한 언어를 매개체로 한 메시지의 전달의 폭이 광범위할 뿐만 아니라, 시인들은 그 기능에 의존하면서 화자(話者)를 통한 어조로 음향과 억양 등의 결합으로 오묘한 조화를 이루게 된다.

온 몸에 수박씨앗 같은 말들이
촘촘 박혀있는
3월의 표지를 열어 보다가

나 이제 낯빛 창백한 3월의 눈발들
결코 따라 잡지 않을테야

싸락 싸락 눈발 틈새기로
막 도망쳐서
지구 밖으로 나는 금방 나와 버렸다

—「3월에 내리는 눈」중에서

「 생이 목마르다 」고
나는 말한다

지금 난 맨발로 새로운 말에
새하얗게 쫓기운다

드디어 난 마지막 코너에까지
밀리우고 있다

진땀이 무관심의 속살을
몽땅 적시고 있다

—「누군가 나를 쏘아 보고 있다」중에서

그렇다. 박명자 시인의 언어(혹은 말)는 그냥 시의 언어로써의 기능이 아니라, 작품 속에 대화나 말의 현장을 직접 가미함으로써 작품의 주제나 이미지의 효율성을 높이려는 그의 시법임을 이해할 수 있다.

이처럼 앞의 작품에서 유념하게 되는 것은 '온 몸에 수박씨앗 같은 말들이 / 촘촘 박혀있는 / 3월의 표지를 열어 보'는 일이다. 그 '말들이' 적시하는 메시지는 무엇일까. 바로 그가 과제로 수행하고자 하는 '해체'에의 한 방법론으로의 진입이다. 그것이 다시 '나 이제 낯빛 창백한 3월의 눈발들 / 결코 따라 잡지 않을테야'라는 어조의 부정적인 메시지이다. 그리고 '막 도망쳐서 / 지구 밖으로' 탈출하는 그의 심리적인 화해를 구현하고 있다.

그는 다시 '누군가 나를 쏘아 보고 있다'는 위기감을 통해서 '생이 목마르다'고 말하고 있다. 그리고 '지금 난 맨발로 새로운 말에 / 새하얗게 쫓기운다'는 형상으로 말(언어)과의 위기감이 상관하면서 '나를' 무섭게 훔쳐보는 상황은 말에서 말로 관류(灌流)하는 시법을 이해하게 된다.

그의 언어와의 해법은 작품「나무 한 그루 컹컹 짖으며 뒤 따라 온다」중에서 '주머니 가득 빵빵하게 쳐담은 / 수상한 말들에게 스스로 찔리우듯 / 컹컹컹 짖으며 이내 따라오던'이라든가 작품「철새들의 방언」중에서 '소련 블라디보스톡 해안에서 날아온 / 겨울 철새들 / 우리 해안에 볼록한 방언을 떨구기도 하였다', 작품「천리향 그대여」중에서 '말꼬리 글씨체 삐죽이 열어 / 잔잔한 눈웃음 치며 기어코 / 말문을 트시렵니까' 그리고 작품 「아침 파도」중에서도 '어느 방향에서 유죄 할 것인지 / 우리는 시시비비를 쑥떡 거리지 말일입니다' 라는 말과의 소통을 통해서 시적인 감응(感應)을 상승시키는 효과를 탐색하고 있다.

4. 자연 서정에서 조명하는 '나'

박명자 시인은 '시인의 말' 에서 '나의 시는 다 자란 애벌레가 한잠 자고 나서 껍질을 벗듯이 낡은 허물을 벗어 던지고 새로운 날개옷으로 갈아입는다. 그러나 나는 시작업에서 늘 자유롭고 신나는 게임을 즐기듯 혹은 굿판의 무당처럼 의식의 세계와 무의식의 세계를 종횡 넘나들면서 상상의 폭을 이중구조로 실타래처럼 엉키게 한다. 나의 시는 일종의 신들린 나비의 유희라고 생각하면서 독자앞에 얼굴 붉힌다' 라는 '해체' 에의 지향성을 천명(闡明)하였음에도 불구하고 그는 천성적인 서정성을 한꺼번에 버리지 못한다.

넝쿨장미 울타리 그 집 앞을 지나올 때
나는 두 눈을 꼭 감는다

층층이 하늘 계단을 오르는
꼿꼿한 관능의 그녀들 손톱과

유리가루처럼 흩어지는 웃음 소리…

한순간 아찔해 버린다

송이송이 말문을 열어 폭죽처럼
솟구치는 교성이 겁난다

그녀들 꽃뱀의 혀 같은 덩굴손이
나란히 다가 올 때 나는 몸을 조그맣게 움츠린다

가시덩굴 사이사이로 막 도망쳐 나올 때
가슴이 콩 콩 콩 뛰었다

—「넝쿨장미 울타리」전문

그의 서정성은 '넝쿨장미 울타리 그 집 앞을 지나올 때 / 나는 두 눈을 꼭 감는다' 는 상황이나 '가시덩굴 사이사이로 막 도망쳐 나올 때 / 가슴이 콩 콩 콩 뛰었다' 는 순박한 정서에서 발현되고 있다. 그의 서정적인 사유의 깊이는 그가 자연 현상과 동화(同化-assimilation)하는 순정에서 그 진수를 이해할 수 있다.

사실 박명자 시인은 순수한 서정시인이다. 근간에 와서 실험적인 요소를 가미하면서 '해체' 니 탈관념이라는 경향에의 접근을 시도하면서도 그의 체질에 흠뻑 배어있는 서정적 진실의 탐구는 이탈(離脫)할 수가 없다.

이러한 그의 서정에는 '나' 라는 화자가 비정적인 타자가 아니라, 실재(實在)의 자신을 투영하는 자존(自尊)의 확립이며 자아의 성찰과도 맥을 함께한다. 이는 그가 작품 「벚꽃 잎들은 진눈깨비처럼」중에서 '제멋대로 옷깃 날리는 꽃잎들에게 / 나의 자존은 흔들리며 찢기운다 // 꽉 다문 나의 일상의 궤도에 / 가득히 쳐들어오는 낙화 // 몇 개의 바이러스처럼 꽃잎들은 / 내 핏줄에 상륙한다' 는 자존과 자아(自我)의 형상화가 명징해 지고 있다.

이렇게 '나' 와 상관하는 서정적자아의 모습은 대체로 다음과 같이 나타나고 있다.

- 나는 꽃잎들 틈새기로 / 막 도망친다
- 나의 유년시절 우리집 지붕 위에는 / 조팝꽃처럼 사계절 노오랗게 / 가난의 꽃이 피어 있었어.
- 투명한 물방울 무늬를 몇점 남겨두고 / 나에게는 아찔한 현기증을 안겨주고
- 내 삶의 빛깔은 오늘따라 불현듯 이가 시려 온다
- 내 가슴에 릴 하나 찍 긋고 있다
- 나의 몸과 마음은 / 아득히 지하로 침몰 하는 것 같아
- 배추들 귀때기에서 찬바람 소리가 / 내 오지랖을 방금 스쳐 지났다

박명자 시인의 서정적 시법은 작품 「내리는 눈의 리듬」 「한 잔의 커피」 「창밖의 3월 풍경 한 컷」 「4월 바람의 템

포」「가을 날의 유희」「잎새 하나에 대한 생각 」「리듬 타는 가랑잎의 유희」 등등으로 자연 서정에서 창조하는 시적 진실은 불변의 시정신이다.

그가 시적 기의(記意)나 기표(記票)의 방식으로 '낯선 기호들' 의 본질을 탐구하는 이상형의 시법을 지향하고 있으나 그의 천성은 휴머니즘을 향한 존귀의 인간 자체를 부정하지 않는 시혼(詩魂)이 존속되고 있는 것이다.

앞으로도 실험시가 됐든, 해체시, 티카시, 하이퍼시 등 다양한 모습의 작품들을 많이 보여주기 바란다. 거기에서 우리들은 박명자 시학의 진수를 음미(吟味)하게 될터이니까.